L'ARCHITECTURE
ET
LA SCULPTURE
A L'HOTEL
CARNAVALET

PAR

M. ANATOLE DE MONTAIGLON

AVEC UNE EAU-FORTE ET TREIZE DESSINS

DE

M. Ludovic LETRONE

Extrait de la *Gazette des Beaux-Arts*. (Juillet 1881.)

PARIS

A. DETAILLE, RUE DES BEAUX-ARTS, 10

JUILLET M DCCC LXXXI

L'ARCHITECTURE

ET LA SCULPTURE

A L'HOTEL CARNAVALET

EXTRAIT DE LA *GAZETTE DES BEAUX-ARTS*

(Juillet 1881)

ET TIRÉ A PART

à cinquante exemplaires sur Hollande
et à cinquante sur papier ordinaire.

MASCARONS DE JEAN GOUJON.
(Hôtel Carnavalet à Paris)

L'ARCHITECTURE

ET

LA SCULPTURE

A L'HOTEL

CARNAVALET

PAR

M. ANATOLE DE MONTAIGLON

AVEC UNE EAU-FORTE ET TREIZE DESSINS

DE

M. Ludovic LETRONE

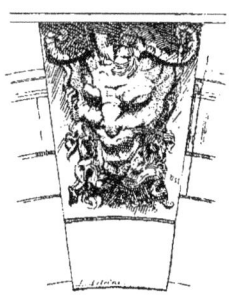

PARIS

A. DETAILLE, RUE DES BEAUX-ARTS, 10

JUILLET M D CCC LXXXI

A M. JULES COUSIN

BIBLIOTHÉCAIRE DE LA VILLE

Hommage et souvenir amical

A. DE M.

L'ARCHITECTURE ET LA SCULPTURE

A L'HÔTEL CARNAVALET

l est étrange de voir combien certaines appellations populaires sont parfois à côté et comme en dehors de la vérité.

Qu'est-ce, depuis deux siècles et demi, que le palais de la Reine mère, le palais d'Orléans, le palais de Mademoiselle, le palais de Monsieur, c'est-à-dire du comte de Provence, le palais du Directoire, le Palais du Sénat conservateur, le palais de la Chambre des pairs? Autant d'appellations officielles et passagères, à commencer par celle de sa fondatrice. La seule vraie et qui aurait dû rester comme à Florence celle de palais Pitti, la seule constante et durable, celle qu'on a employée sous les Royautés, les Empires et les Républiques, celle qui vivra jusqu'à la destruction du bâtiment et du jardin, c'est celle de palais du Luxembourg. Elle ne vient pourtant, — et bien peu, sur des milliers qui l'emploient, s'en rendent compte, — que du nom du propriétaire antérieur du terrain, acheté en 1612 par Marie de Médicis à M. de Montmorency, duc de Piney-Luxembourg. Le souvenir de ce grand seigneur ne vit donc guère que là.

Il en est à peu près de même de l'hôtel Carnavalet. Ce n'est pas le nom de celui qui l'a construit, et M. de Carnavalet n'y a peut-être jamais mis les pieds. Il serait donc inutile de rappeler que son vrai nom breton était Kernevenoy, ou mieux Kernevenoc'h, qu'il a un article dans Brantôme, qu'il a été le camarade d'études de Ronsard, avec lequel il a fait le voyage d'Écosse, qu'il a été premier écuyer de Henri II, gouverneur de celui qui devait être Henri III, gouverneur d'Anjou, de Bourbonnais et de Forez, qu'il prit froid, en 1571, à l'entrée à Paris d'Élisabeth d'Autriche, femme de Charles IX (le 29 juin 1571), où il fut le chevalier d'une de ses dames d'honneur, et que, comme il mourut dans son logement du Louvre, il fut enterré à Saint-Germain-l'Auxerrois dans un tombeau qui lui fut dressé par l'amitié pieuse de Philippe Hurault de Cheverny, frère de sa première femme. Après sa mort, il se passa sept ans avant que sa veuve se soit trouvée acheter l'hôtel Carnavalet. Enfin depuis lors, ce n'est pas plus, au XVIIe siècle, l'hôtel de M. d'Argouges et celui de M. d'Agaurry, magistrat dauphinois, pas plus, depuis 1699, l'hôtel du Fermier général Brunet de Rancy, et ensuite pas plus l'hôtel de M. de la Briffe, Intendant de la Généralité de Caen, et ensuite l'hôtel de Pommereul, qu'au XIXe siècle la Direction de la librairie, ensuite la première École des ponts et chaussées, ou même, depuis 1829, sauf dans la mémoire des anciens élèves de Charlemagne, la pension Verdot. C'est toujours Carnavalet.

Un seul nom, en quelque sorte à plus juste titre, lutterait avec celui-ci, celui de Mme de Sévigné, la locataire de M. d'Agaurry depuis 1677. Tous ceux qui lisent se souviennent de la façon dont elle parle plus d'une fois de ce qu'elle appelle la Carnavalette. Les historiens de l'hôtel ont grand'raison de s'étendre à ce moment, de parler à leur aise, comme dit Montesquieu, de cette charmante femme, et, à l'aide de ses lettres, de la faire revivre au milieu de tout son monde, celui du grand XVIIe siècle; c'est leur plus heureux chapitre. Il convient de ne s'occuper ici que du bâtiment lui-même et de ses sculptures; certaines parties de ce beau spécimen d'architecture française au milieu du XVIe siècle sont aussi supérieures et aussi parfaites que le Louvre de Henri II.

Contrairement à ce qui arrive généralement dans les villes, cet hôtel ne remplaça rien d'antérieur. Le nom de quartier du *Marais*, où il se trouve, ne vient pas de ce que le terrain fût marécageux; pour cela il est à la fois trop loin des collines et trop au-dessus du bassin de la Seine. Le terme au moyen âge (Du Cange, *verbo* Marais) était employé au sens de jardins et de cultures, comme dans d'autres parties de la France, à Amiens, par exemple, et à Fontenay-le-Comte, les *horts* ou les *orts*, qui sont précisément le latin *hortus*. La partie possédée par les Religieux de l'abbaye de Sainte-Catherine du Val des Écoliers s'appelait la

Culture de Sainte-Catherine, et le nom s'en était conservé jusqu'à ces derniers temps dans le nom de la rue Culture Sainte-Catherine, celle même où est l'entrée de Carnavalet, maintenant changée en celui de rue Sévigné. La gloire de l'adorable Marquise n'y gagne rien, à coup sûr, mais l'histoire de Paris perd à ce changement, d'autant plus que la rue de l'Égout-Sainte-Catherine, étant devenue le prolongement de l'ancienne rue Saint-Louis, maintenant Turenne, il n'y a plus une trace ni un souvenir pour rappeler l'existence de l'abbaye qui a été l'origine de tout le quartier.

C'était sous la protection de la Bastille, à la fois défense de l'entrée de Paris et gardienne des trésors du Roi, qu'entre la haute forteresse et la porte Baudet, des deux côtés de la rue Saint-Antoine actuelle, s'étaient successivement élevés les grands hôtels royaux de Saint-Paul et des Tournelles. Le premier, si vivant et si somptueux sous le sage Charles V et sous le malheureux Charles VI, était presque abandonné depuis Louis XI, mais les Tournelles, sur l'emplacement desquelles devait s'élever plus tard la place Royale, étaient dans tout leur éclat et ne furent abandonnées que par Catherine de Médicis, qui ne pouvait leur pardonner le malheureux tournoi où son mari trouva la mort en 1559. Comme, sous Henri II, il n'était encore question ni de l'hôtel de Soissons ni des Tuileries, ce quartier, maintenant bourgeois et industriel, était, en dehors du Louvre, le quartier royal par excellence. Les terrains vagues de la Culture Sainte-Catherine étaient par là dans toutes les conditions pour se changer en terrains à bâtir; les nobles et les parlementaires, qui avaient intérêt à se tenir près de la Cour, se trouvaient n'y pas avoir de voisinage incommode et étaient à même de tailler à leur aise dans un quartier qui commençait. La fille naturelle de Henri II, Diane de France, y fit un peu plus tard construire un hôtel encore existant à l'angle des rues Payenne et des Francs-Bourgeois, alors nouvelles et dont le nom de la dernière rappelle les libertés résultant pour ses habitants de ce qu'ils se trouvaient dans l'enceinte privilégiée d'une abbaye.

C'est ce que fit aussi Jacques des Ligneris, fils d'un officier de la première Marguerite de Navarre et seigneur de Crosnes et d'Étioles près Corbeil. Par contrat du 18 mars 1544, il prit à rentes foncières, en se chargeant de la relevance due par les Religieux de Sainte-Catherine à l'Abbaye de Saint-Victor dont ils relevaient, cinq places de terres labourables d'un seul tenant, et le long carré long actuel de terrain, bordé de trois côtés, sur la façade par l'ancienne rue de la Culture Sainte-Catherine, sur un des longs côtés par la rue des Francs-Bourgeois, et sur le derrière par la rue Payenne, en représente exactement la forme et la contenance.

Il est certain que Jacques des Ligneris fut, pendant toute l'année 1546, l'un des trois Ambassadeurs envoyés par François Ier au Concile de Trente et qu'à son retour il fut, dans la même année, nommé Président à mortier au Parlement de Paris. Comme tout propriétaire d'un terrain nouvellement acheté, a-t-il fait commencer la construction dès le premier jour, ou bien a-t-il attendu son retour en France? Il n'est pas possible de le dire, mais il est bon de remarquer qu'en tous les cas l'architecte qu'il a choisi était son confrère au Parlement. Qui à Paris, et avant la cour du Louvre, a pu avoir une pureté de dessin, une délicatesse de plan, une simplicité de lignes, une construction impeccable et raffinée comme celle des parties les plus anciennes et les plus belles de Carnavalet, si ce n'est Lescot? Tous les vieux historiens de Paris répètent son nom ; le goût de l'architecture suffit à le dire. Or Pierre Lescot, sieur de Clagny en Brie, était, comme son père et son frère, Conseiller au Parlement. Il n'était donc pas d'une race montante de maçons et d'entrepreneurs ; mais c'était un lettré comme les gens de la Renaissance, et un amateur en fait d'architecture, comme plus tard Perrault quand il a fait la colonnade du Louvre. Ce qui est sûr, c'est que dès 1550 il avait, à propos de l'entrée de Henri II à Paris, construit pour la Ville, au coin de la rue de la Ferronnerie et de la rue Saint-Denis, la fontaine des Innocents, une tribune privilégiée à mettre des spectateurs pour voir passer les cortèges de gala, et à qui Jean Goujon a fait l'honneur des admirables bas-reliefs que l'on connaît.

A ce moment et après cette fontaine, que le goût du XVIe siècle a appréciée autant que les meilleurs de nous, sinon même davantage, et que le XVIIIe siècle s'est fait l'honneur de sauver, M. des Ligneris se trouve avoir à se faire construire un hôtel. Il en charge son confrère au Parlement. Comme celui-ci veut que toutes ses constructions soient habillées de sculptures de Jean Goujon, il se trouve par là que Carnavalet a eu et a le bonheur d'avoir conservé les bas-reliefs et la maîtrise du ciseau de cet admirable sculpteur. Le meilleur de Carnavalet c'est Lescot et Goujon ; c'est donc leur œuvre commune, la première et la plus belle, qu'il convient de serrer et de dégager.

En avant d'un jardin de broderie, dont nous n'avons aucun souvenir, le bâtiment est planté en carré autour d'une cour centrale, au fond de laquelle s'élève le grand corps de logis principal, plus élevé que les ailes latérales et que la fermeture antérieure. C'est le plan français habituel à la Renaissance, celui d'Écouen, celui du Louvre de François Ier, et dès la porte de la rue commence le triomphe du nouvel art.

Cette porte était dès l'origine en bossages, mais ceux-ci ont commencé par être unis et l'ont été jusqu'au milieu du xviie siècle; l'effet, moins riche, était plus net, plus simple, plus pur, et donnait plus de valeur encore à l'admirable figure de l'Abondance sculptée sur le grand claveau qui va de

FIGURE DE L'ABONDANCE
SUR LE GRAND CLAVEAU DE LA PORTE D'ENTRÉE EXTÉRIEURE
(Hôtel Carnavalet, à Paris.)

l'arc jusqu'à la pointe des deux rampants formant au cintre de la porte un couronnement en fronton. Elle est si connue qu'il est inutile d'insister, surtout à côté des dessins de M. Letrône, qui rappelleront et qui fixeront mieux dans la mémoire toutes ces belles sculptures de notre Lysippe que ce que l'on en pourrait écrire, et d'ailleurs ce n'est pas Goujon que nous étudions ici, mais l'hôtel de M. des Ligneris. On voit, dans la petite coupe gravée par Marot, que la voûte en berceau du passage de l'entrée n'était pas nue comme aujourd'hui, mais décorée d'une ornementation peinte en caissons. A son extrémité du côté de la cour, l'arc triomphal, précisément parce qu'il n'est pas extérieur et qu'il était vu des fenêtres du bâtiment d'honneur, est naturellement plus décoré, et c'est encore une des belles œuvres de la main même de Goujon.

Deux Victoires, vêtues de longues robes légères et plissées qui ne laissent nus que leurs bras et leurs pieds, sont couchées sur les rampants de l'arc, à l'imitation des Renommées qui se dressent dans les extrados des arcades aux arcs de triomphe de Rome. L'une, celle de droite, porte une longue branche de laurier; l'autre, celle de gauche, dont la tête est tournée vers la figure centrale qu'elles accompagnent, tient une palme triomphale, et ces deux emblèmes de victoire complètent les attributs de la Vertu dont elles sont les suivantes. Celle-ci, debout sur une boule, tient élevé le bâton du commandement et porte de la main gauche le joug qui maîtrise et conduit la force brutale. C'est l'Autorité, la Puissance morale, et plus exactement encore la Justice, tout à fait à sa place sur la porte de la maison d'un Conseiller au Parlement.

On savait, par les petites vues de Jean Marot qui nous ont conservé l'état ancien modifié par Mansart, que les lions mis par celui-ci aux deux côtés de la porte de la rue pour ajouter à son importance, étaient primitivement à l'intérieur. M. Cousin, qui connaît Carnavalet mieux que personne, ne s'est pas contenté du fait matériel; il l'a étudié, et il a expliqué le premier la raison et le sens de ces lions[1].

Il y avait dans la grande salle du Palais, sur la porte de la Chambre dorée où siégeait le Parlement, un grand lion doré, ayant, dit Corrozet, « la tête baissée contre terre et la queue entre les jambes, signifiant que toute personne, tant soit grande en ce royaume, doit obéir et se rendre humble sous les lois et jugements de ladite Cour. » C'est ce lion du Palais qui a dû donner au sculpteur le motif et le sens de ceux qu'il avait mis à l'hôtel des Ligneris. Derrière eux sont entassées des armes antiques comme sur le piédestal victorieux de la colonne Trajane; celui de droite, arrêté dans sa marche, détourne la tête vers le spectateur, mais celui de gauche, qui a la patte sur une boule, a la tête baissée contre terre et la queue entre les jambes comme sur la porte du Parlement. C'est le mot de Virgile : *Cedant arma togæ*; le soldat doit obéir au juge et la Force à la Justice.

1. *Bulletin de la Société de l'histoire de Paris*, t. VI, p. 42-43 (avril 1879).

Pour rétablir le sens de cette belle pensée sculpturale, qu'on ne comprenait plus au xviie siècle parce que le souvenir de M. des Ligneris s'était effacé devant l'usurpation du nom de Carnavalet, il conviendrait — non pas d'enlever les lions de la porte extérieure où on est habitué à les voir depuis deux siècles et où, étant au levant, ils sont dans de meilleures

FIGURE DE L'AUTORITÉ ET DE LA PUISSANCE JUDICIAIRE
CLAVEAU DE LA PORTE D'ENTRÉE SUR LA COUR

(Hôtel Carnavalet, à Paris.)

conditions de conservation que d'être remis au couchant, c'est-à-dire aux pluies de l'ouest,— mais d'en rétablir au moins les moulages à leur place primitive où ils manquent de toute façon.

Passons maintenant au rez-de-chaussée de l'aile gauche qui, malgré ses remaniements, reste encore de la première construction. Pour montrer ce qu'il était à côté de ce qu'il est devenu, il est aussi nécessaire que convenable de répéter ce qu'en a dit Sauval, toujours si compétent à propos de l'art français du XVIe siècle :

« L'aile gauche est un portique relevé de cinq ou six marches; il est bordé de grisailles fort belles, orné de pilastres et fermé de balustres à hauteur d'appui; chaque arcade porte sept à huit pieds d'ouverture. Enfin, cette maison a été bâtie avec tant de soin et de dépense que chaque trumeau, qui est accompagné de deux pilastres et qui a quatorze pieds de hauteur sur près de neuf de hauteur jusqu'à l'arrachement de la voûte, n'est que d'un seul quartier de pierre. Les balustres, qui portent autant de longueur que l'arcade d'ouverture, ne sont encore que

BAS-RELIEF AUTREFOIS A GAUCHE DE LA PORTE D'ENTRÉE SUR LA COUR

(Hôtel Carnavalet, à Paris.)

d'un seul morceau de pierre. Il a fallu que le ciseau ait fait la saillie, les ornements et les moulures des pilastres, et qu'enfin il se soit ouvert un chemin juste dans la pierre et pour les balustres et pour les moulures, tant de la corniche supérieure que de l'inférieure.

« A chaque arcade, dans la clef de voûte, il y a un masque d'une attitude horrible et tantôt agréable, mais toujours admirable de quelque façon que ce soit, et le tout de la propre main de maître Ponce. »

Maintenant ce n'est plus une galerie ouverte; Mansart a rempli les vides par une fenêtre dont le claveau continue celui de l'arcade, mais on peut toujours voir la perfection de l'appareillage des pierres, taillées de façon à avoir toujours une forme complète, où l'œil ne rencontre pas une brisure, et n'ayant de joints qu'aux endroits où doit se produire une ligne architecturale. Les sutures sont toutes cachées dans le dessin des motifs et par suite s'effacent complètement ; elles se perdent dans les lignes mêmes des formes, qu'elles épousent de manière à ne les jamais contrarier, si bien que sur cette façade sobre, où l'on s'étonne qu'une muraille aussi plate et aussi peu chargée de ressauts puisse paraître si décorée, l'œil suit toute la simplicité de la composition, en sent toute la force et ne voit qu'elle seule, qui n'est jamais brisée ni contrariée par un joint malencontreux. Cette belle et savante préoccupation de perdre tous les joints dans le dessin même et de ne les admettre que pour le former est bien remarquable, et, si tout le bâti-

BAS-RELIEF AUTREFOIS A DROITE DE LA PORTE D'ENTRÉE SUR LA COUR
(Hôtel Carnavalet, à Paris.)

ment avait été mené jusqu'au bout avec la rigueur de cette exquise recherche de perfection, cet hôtel d'un particulier l'emporterait sur les plus grands édifices et les plus beaux palais royaux. Il est à remarquer que la Renaissance française s'est plus d'une fois préoccupée d'arriver à ne pas avoir de joints qui ne correspondissent pas à une partie et à une forme complètes ; les tambours, alternativement plus larges et plus étroits, des colonnes de Delorme pour les Tuileries de Catherine, sont dans le même sens. Ne pouvant les faire monolithes, ce qui est le principe même de la colonne, il a changé la nécessité de construction de la superposition des assises en une forme nouvelle, où chaque pierre a son rôle et comme sa personnalité.

Mais ce qui est encore plus de l'art, ce sont les admirables mascarons des claveaux, pris, comme les Renommées, aux motifs de la statuaire antique. Ce sont absolument les plus beaux qu'on puisse voir. Ceux des retombées de l'arcade de la rue de Jérusalem, qui sont venus heureusement rejoindre leurs aînés à Carnavalet, ceux de la corniche du pont Neuf, ceux des fenêtres du rez-de-chaussée de la colonnade du Louvre, en viennent et ne les valent pas; la tête de faunesse à la tribune de la salle des cariatides est seule digne de se mettre à côté d'eux, précisément parce qu'elle est de Goujon, c'est-à-dire du même art, on dirait de la même main, si Sauval, qui connaissait si bien nos sculptures et nos sculpteurs du XVIe siècle, ne les donnait formellement à maître Ponce.

Je n'ai pas à traiter ici la question, encore absolument embrouillée et obscure, de l'énigme des différents artistes désignés sous le nom de Ponce pendant toute la durée du XVIe siècle; mais, si ces mascarons sont bien de l'un de ces Ponce, il a été là un bien grand sculpteur, aussi grand que Goujon, avec même toute la fleur et l'énergie des meilleures qualités du maître. Ponce les a-t-il seulement taillés, ou l'invention lui en est elle aussi due?

La question est aujourd'hui insoluble. Ce qui est sûr, c'est leur fière et forte beauté, les vigueurs de leurs finesses, les souplesses de leurs énergies, la variété de leurs expressions rieuses, moqueuses, ardentes, violentes, bestiales, qui tantôt descendent au-dessous de l'homme et tantôt s'élèvent jusqu'au demi-dieu. On ne saurait les regarder, les étudier, les admirer trop ni trop longtemps, aussi bien dans les détails que dans l'aspect, aussi bien dans les profils que de face, et avec les changements de tons, les accidents, fins et intenses, que la lumière reflétée accroche à leurs saillies. Ils devraient tous être moulés, photogravés sans réduction et figurer dans tous les ateliers et dans toutes les écoles de dessin. Ce seraient de terribles modèles, avec lesquels la lutte serait dure et dont il serait bien difficile de se rendre maître, mais qui seraient de bien féconds inspirateurs.

Ils nuisent fort au bas-relief des deux enfants nus qui est au-dessus de la porte de l'escalier. Sans avoir la beauté d'exécution des enfants analogues de l'escalier de Henri II au Louvre, ils ont, dans l'étrangeté de leurs poses pondérées et équilibrées, un bel accent qui sent bien l'inspiration et l'invention. A l'abandon de leur pose on les croirait d'abord endormis, mais leurs yeux sont ouverts et même très éveillés, même de celui qui regarde en bas et dont les yeux clignants sont presque fermés, tandis que les prunelles des yeux de l'autre sont fortement indiquées par deux trous profonds. Que représentent ces génies et que signifient les flambeaux allumés que leurs mains tiennent élevés? Peut-être la Vigilance et l'Attention. La sculpture architecturale, si belle qu'elle soit, n'a pas toujours un sens bien précis; au lieu d'une idée, elle se contente souvent de lignes, et le motif ne va pas toujours au delà du profil et du relief de la forme. Ici le groupe est heureux, surtout dans l'invention plus que dans l'exécution.

Enfin, le corps du bâtiment du fond appartient aussi forcément à la première époque, par cela même qu'il était la seule partie convenable pour l'habitation du maître et aussi pour un curieux détail de construction qui nous a été conservé par Sauval : « Le corps de logis du côté du jardin est enduit d'un crépi si ferme et si dur qu'à peine s'est-il encore démenti depuis plus d'un siècle que le bâtiment subsiste, et les architectes avouent qu'il n'y en a point à Paris qui ait tant résisté à l'injure du temps. » Cette perfection du crépissage des murs va bien avec le soin apporté à la coupe et à l'assemblage des pierres de la galerie ouverte, et elle nous est une raison de croire que les grandes figures en bas-relief des trumeaux qui séparent les hautes fenêtres du premier étage du bâtiment du fond sont, au moins comme invention et comme dessin, du premier ouvrier.

Ce sont les quatre Saisons, surmontées des signes du bélier pour Mars, de l'écrevisse pour Juin, de la balance à deux plateaux pour Septembre, et du capricorne pour Décembre.

Le Printemps, qui tourne la tête vers les autres Saisons qu'il précède en les annonçant et dont il est la jeunesse, est un grand jeune homme dont la courte tunique, toute féminine, se détache sur le profil tombant d'un léger manteau, et l'on pourrait presque le prendre pour une Flore, à qui conviendraient à merveille, encore plus que les fleurs des deux couronnes qu'il tient à la main, celles de la ceinture qui serre les plis de son himation et celles des jambelets qui ornent le haut de ses brodequins.

L'Été est une jeune Cérès qui porte des épis et une faucille et dont les jambes nues se détachent délicatement sur les longs plis droits de sa robe ouverte; l'Automne est un homme dans la force de l'âge, sorte d'Hercule bachique, ceinturé de raisins et portant une corne d'abondance pleine de fruits, et l'Hiver, qui termine le cycle et se tourne encore plus que l'Été et l'Automne vers le Printemps qui a ouvert la marche de l'année, est une vieille femme toute entourée de longs vêtements qui la défendent mal des atteintes du froid. Sa tête penchée est défendue par des enroulements de linge, et elle serre frileusement ses bras contre sa poitrine.

On les a beaucoup admirées, et Blondel, dans une des leçons de son Cours d'architecture (III, 113), ne les excepte pas des éloges qu'il donne à la décoration sculpturale du Carnavalet : « Tous ces morceaux devraient être jetés en moule pour orner les ateliers de nos sculpteurs et apprendre aux élèves ce que peut le ciseau d'un maître habile, quand il veut rendre l'expression et la plus vraie et la plus idéale ; ils prouveraient du moins que la sculpture peut donner l'âme et pour ainsi dire la vie à la pierre et au marbre ».

Cela est vrai des claveaux, des lions, des mascarons, qui sont absolument des chefs-d'œuvre de pensée et d'exécution, mais ne l'est pas autant des figures des Saisons. Elles sont tellement au-dessous des nymphes de la fontaine des Innocents, comme des cariatides de la tribune du Louvre, qu'il est plus que difficile d'y voir le même ciseau, encore qu'elles relèvent bien évidemment de la même inspiration. Mais le travail et le rendu ont bien des inégalités. La Cérès est de beaucoup la plus heureuse, et les trois autres auraient la même valeur que le doute serait injurieux ; mais le Printemps est étroit et maniéré, l'Automne un peu commun et le raccourci d'un de ses bras laisse fort à désirer ; les plis de l'Hiver sont petits et fatigués. Si l'aspect général et le parti sont beaux et d'un grand effet, le faire n'a pas l'élégance nerveuse et la maestria du maître ; l'idée, la maquette même doivent venir de lui, mais ils ont dû être exécutés par une autre main, et cela est naturel. L'architecte et le sculpteur, occupés qu'ils étaient à la fontaine des Nymphes, qui est de 1550, et au Louvre, n'avaient plus les loisirs de continuer à travailler activement pour M. des Ligneris.

Après lui, Mme de Carnavalet ne paraît pas avoir beaucoup fait travailler à l'hôtel qu'elle avait trouvé tout construit. Sa trace s'y voit pourtant deux fois dans les sculptures de la porte d'entrée. J'ai dit que la figure du claveau était de Goujon, mais il faut ajouter que ses pieds reposent sur un bien singulier objet, un masque de carnaval, long, plat et tout à fait semblable à ces masques blêmes en pain d'épices grisâtre qu'on fabrique pour les enfants, qui s'en jouent avant de les écorner d'abord et de les croquer ensuite. M. Édouard Fournier, à qui je le faisais remarquer un jour, s'aperçut aussitôt que ce masque n'était qu'un rébus indiquant le nom et la propriété des Carnavalet, et il a consigné, dès 1861, cette ingénieuse explication, qui est tout à fait dans le goût et les habitudes du temps, dans ses « Énigmes des rues de Paris ». Il a pleinement raison, et sa sagacité de curieux lui a donné là les qualités de l'archéologue.

S'ensuit-il que la figure, que la sculpture, qui est la plus belle partie de l'œuvre, soient du temps de Mme de Carnavalet, et que ce soit pour elle qu'ait travaillé Goujon? En aucune façon. La figure existait ; comme celle du claveau de la cour, elle était posée sur une sphère ; c'est celle-ci qui a fourni la pierre au ciseau qu'on a chargé de la changer en masque, et, comme c'est une reprise, il s'agence mal et est d'une taille trop grande pour la figure, avec laquelle il ne fait pas corps. Il aurait mieux valu le dessiner sur la sphère et maintenir celle-ci, pour laisser sous les pieds de la déesse l'appui raisonnable et traditionnel.

De plus, le cintre de la porte est fermé par un tympan de pierre sur lequel, en avant de trophées d'armes, deux petits génies, aussi nus que charmants, accostent un écusson sur lequel la planche de Marot nous montre des armoiries, parties de Carnavalet et de La Baume. Ce ne serait

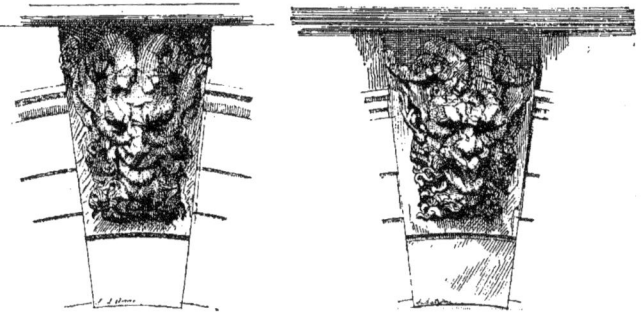

MASCARONS SUR DEUX DES CLAVEAUX DE LA GALERIE DE GAUCHE.
(Hôtel Carnavalet, à Paris.)

pas une raison pour attribuer le travail à Mme de Carnavalet, parce que ses armoiries pourraient avoir remplacé celles du Président, mais le style comme le parti fait voir clairement une époque postérieure. D'un côté, si la courbe du cintre se dessinait sur le vide comme elle le fait encore du côté de la cour, la saillie des bossages et le prolongement si ressenti du claveau central auraient tout leur accent, alourdi maintenant et presque perdu. De l'autre, ces enfants souriants et d'un relief gras et potelé, on les reconnaît sans peine ; s'ils ne sont pas de la main même de Germain Pilon, et ils en sont plus que dignes, ils sont de son goût et absolument de son temps. De plus, la composition de tout le bas-relief, au lieu de remplir tout le champ du tympan, comme il serait arrivé s'il avait appartenu à la conception première, laisse très volontairement un espace nu et comme une marge et un repos, en tassant toute la sculpture au centre pour l'éloigner autant que possible de la courbe en bossages et garder à celle-ci autant de valeur qu'il pourrait lui en rester. Il ne peut y avoir de doute. Le tympan est une addition et un remplissage qui ne se chaîne pas avec les anciennes pierres ; pour porter son bandeau il a fallu établir des deux côtés de la porte deux montants en retraite qui ne font aussi que s'y appliquer, et qui, si peu que ce soit, enferment et suppriment la ligne du bossage, dont le rôle était d'abord d'être l'arête absolument extérieure. C'est un travail postérieur à 1577.

Ce n'est pas au reste la seule énigme. On a parlé de Bullant comme continuateur de Lescot ; c'est impossible. L'un procède par le moindre relief possible et par la sévérité dans la finesse, l'autre par masses et par saillies vigoureuses ; Bullant ne dessine pas, il colorie par l'opposition des masses d'ombres et de lumières. S'il avait travaillé à Carnavalet, il y aurait introduit des saillies, de fortes colonnes, des corniches exagérées, comme celles des palais de Florence et de Rome.

On a aussi parlé d'Androuet du Cerceau, non le père, mais Jean, le dernier de la famille. On lui a attribué la porte, ce qui est impossible ; elle est de la première heure. Au premier moment on aurait pu supposer que le petit étage, qu'on voit sur les deux ailes et sur la façade dans la vieille planche de Marot, était son œuvre ; les frontons, ou pour mieux dire les deux rampants appliqués sur les reins mêmes de l'arc, sont peu aigus à leur rencontre et tout à fait analogues aux petits frontons de la fontaine des Innocents qui, dans son ancienne forme, se profilaient sur le ciel à la suite l'un de l'autre. Cette ressemblance pouvait faire penser qu'originairement l'arc triomphal de l'entrée n'avait rien au-dessus de lui et n'était couronné que d'une terrasse régnant aussi sur les rez-de-chaussée des ailes. Mais le style des lucarnes est pur et très sobre, tandis que l'Hôtel de Sully, œuvre d'Androuet du Cerceau, est au contraire lourd et chargé à l'excès. Il y a donc plutôt lieu de croire ce petit étage de la construction primitive.

Il y avait autrefois deux escaliers, qui ne sont connus que par le plan de Marot. L'un, plus étroit, est au bout de l'aile de gauche, et sa forme de marches en vis montre que c'était l'ancien, remplacé depuis la fin du XVIIe siècle par l'escalier actuel, plus allongé, et dont la rampe en fer est caractéristique. Au centre de l'aile de droite il y a eu un escalier plus important. Dans la planche de la coupe on pourrait croire qu'il est à gauche, puisqu'il est à côté de la figure du Printemps, qui n'a pas changé de place ; mais le graveur, qui n'a pas retourné le dessin des sculptures du fond, n'a pas commis la même faute pour le plan, qui doit rester tel qu'on le voit. Ce qui nous en assure, c'est la différence encore actuelle de l'épaisseur des deux ailes ; le carré de l'escalier à vis convient seul à l'étroitesse de l'aile de gauche, de même que la largeur de l'aile droite au développement du grand escalier, qui était l'escalier d'honneur. Dans la coupe on voit que les trois montées du plan ne dépassaient pas le premier étage, et sa décoration était d'une extrême richesse. L'angle du palier de sa troisième et dernière montée

BAS-RELIEF AU-DESSUS DE LA PORTE DE L'ESCALIER

(Hôtel Carnavalet, à Paris)

offre, à l'état de support et de colonne, une longue cariatide de femme en longue robe fermée, serrée et très plissée. Même en ne la possédant plus, et en ne la voyant que dans ce croquis minuscule, on voudrait pouvoir y rêver une figure de Goujon, prélude des cariatides de la tribune du Louvre ; mais le style de toute la décoration est du plein milieu du xviie siècle. Cet escalier est-il de du Cerceau? Presque certainement non ; c'est postérieur à lui, plus léger d'ailleurs, et plus élégant dans sa décoration à l'italienne, couronnée par un plafond dont le caisson central s'enfonce ou plutôt s'enlève au-dessus des saillies de deux cadres de corniches posés au-dessous et au-dessus d'une gorge concave, haute et profonde. Est-il de Mansart? C'est de son époque, mais pour lui bien ronflant, bien surchargé et bien maniéré. Non seulement il n'était possible qu'avec une surélévation de tout l'étage, mais sa hauteur, qui demandait un toit de pavillon central, est évidemment supérieure à celle de l'étage actuel. Nous devons donc forcément reconnaître que la restauration de Mansart, loin de le créer, est peut-être le moment où il a été détruit. Un peu plus, on arriverait à se demander s'il a existé autrement que sur le papier; les livres d'architecture ne sont pas chiches de projets non exécutés.

Les deux propriétaires du xviie siècle sont M. d'Agaurry et, avant lui, M. d'Argouges. Le premier, qui habitait le Dauphiné et laissait sa locataire, Mme de Sévigné, faire, au moins en partie, ses arrangements et ses dérangements à ses frais, ne paraît pas par-là même avoir fait faire le gros travail de Mansart, et il ne paraît falloir mettre à son compte que le bas-relief des deux enfants maintenant dans l'escalier, au-dessus de la porte de la bibliothèque, dont les têtes et les paniers sentent leur Louis XIV finissant, et aussi les jolies corniches des salons, non pas poussées au calibre, mais variées par le ciseau taillant dans le plâtre frais. Il paraît en être autrement de M. d'Argouges.

Le personnage de ce nom le plus connu est François, premier président au parlement de Bretagne, et, en 1661, exécuteur testamentaire d'Anne d'Autriche : il mourut à Paris en 1698 et avait son tombeau à Saint-Paul. C'est pour nous une date bien extrême; mais je dois à mon jeune ami, M. Hanotaux, qui connaît si bien tout ce qui a trait au règne de Louis XIII et de Richelieu, de précieux renseignements sur un autre d'Argouges. Je ne prendrai que ce qui convient à notre sujet.

Son père, qui s'appelait Florent, doit être celui à qui il est plus naturel d'attribuer des travaux à Carnavalet. Une lettre de Henri IV à Sully, où il est question de lui et d'un de ses amis, est relative aux travaux de Monceaux. Ce serait à peine un indice si l'on ne savait qu'en 1619 il était depuis longtemps Trésorier de Marie de Médicis, à laquelle il était très dévoué, ce qui ne le mit pas en bonne odeur auprès de Richelieu; il l'était encore en 1627, et, en 1636, Louis XIII ne voulait, malgré les instances de Richelieu, le retirer de sa charge qu'avec forme. Enfin, à la mort de la Reine mère, en 1642, Richelieu écrit : « Il faut faire promptement liquider toutes ses dettes, commençant par d'Argouges. » On pourrait déjà supposer que toutes les dépenses du Luxembourg lui ont passé par les mains; mais une lettre de Richelieu, écrite en 1621, nous l'affirme absolument : « Lettre à d'Argouge, qui portera qu'il ait soin de faire avancer le bâtiment de la Reine, — c'est-à-dire le Luxembourg, — qui désire voir toute la maçonnerie achevée cet été. Pour cet effet, il délivrera deux mille livres par semaine au sieur Brosse, tout l'été. » Dans le reste de la lettre, il est parlé des peintres « qui s'appellent Poussin et Champagne » ; mais ceci suffit ici, sans poursuivre M. d'Argouges da

FIGURE DE CÉRÈS SUR LE BATIMENT DU FOND
(Hôtel Carnavalet, à Paris.)

la correspondance et dans les comptes de la Reine. Il était le payeur des travaux du Luxembourg, par là en rapport avec les architectes et les maçons ; de plus, il était riche, et toutes ces raisons l'indiqueraient pour l'auteur du remaniement fait par Mansart à Carnavalet ; il n'avait pas à s'adresser à Salomon de Brosse, mort en 1626.

Ce remaniement est bien connu. Le petit étage de la façade et des deux ailes était probablement peu habitable; pour avoir plus de logement et des pièces plus hautes, on l'abattit, et Mansart le remplaça par ce que tout le monde connaît. La description architectonique en serait inutile ; il faut seulement rappeler, après tous, que Mansart y a mis une sobriété et, malgré les changements qui lui étaient imposés, une discrétion et un goût bien remarquables. Évidemment il a eu l'idée de respecter le plus possible, de s'éloigner le moins possible de ce qui existait, de se tenir et de se fondre dans le même sentiment. Cette préoccupation de l'ensemble, qu'il ne s'est pas donné la tâche de détruire et de refaire, mais de compléter, cette admiration et ce respect pour une œuvre du passé, est bien étonnante au xviie siècle ; elle fait le plus grand honneur à son intelligence comme à sa conscience, et, de nos jours, plus d'un architecte devrait s'inspirer de lui et suivre en cela son exemple.

Dans ce remaniement du xviie siècle, la seule chose sur laquelle je doive m'arrêter, ce sont les sculptures, qui sont variées et de bien des mains. Je commencerai par les mascarons des claveaux des arcades, maintenant remplies, du rez-de-chaussée de droite. Ils sont remarquables, cela est certain; mais on les a toujours traités de même que ceux de gauche, et c'est un grand tort, car ils sont fort dissemblables.

Ce qui domine dans ceux de gauche, malgré les laideurs volontaires, c'est une grandeur un peu farouche et qui n'est pas sans austérité, un modelé très serré et très ferme, quoique sans sécheresse, une sorte de sévérité dans la fantaisie et, dans la forme générale, un parti pris d'élégance allongée. En face et de l'autre côté, ce qui frappe en se retournant, c'est une dominante contraire et toute en largeur. Les barbes et les cornes s'écartent, les joues sont plus rondes, les yeux rient et papillotent davantage, les bouches s'ouvrent et se fendent plus. Le tout est plus mou, plus fondu, plus gras, fouillé et tourmenté de plus petites oppositions d'ombre et de lumière. C'est pour cela que je les crois du temps de Mansart. Certainement il a dû dire à ses sculpteurs de faire pareil, sans copier, et, avec les modèles sous leurs yeux, ils se sont appliqués à imiter jusqu'à croire qu'ils avaient reproduit à s'y tromper. Il n'en a pas moins passé sous leur ciseau un sentiment propre et cette qualité contemporaine, à laquelle on veut et l'on croit échapper, mais qui, quoi qu'on en ait, passe malgré soi, se dégage, s'accuse plus tard pour des yeux nouveaux, et sert à reconnaître sans erreur la date et l'époque, d'après un effet général et sur des traces qui semblent insignifiantes et sont cependant décisives.

Il n'est pas besoin de dire que les mascarons des deux grandes fenêtres, ouvertes par Mansart dans le rez-de-chaussée de la façade extérieure, appartiennent à la seconde suite. Leur identité avec celle-ci est incontestable, et cela est très important, car ils ne peuvent d'aucune façon être du siècle précédent. D'ailleurs les beaux mascarons des fenêtres du rez-de-chaussée de la colonnade du Louvre, qui est bien postérieure, montrent bien combien, dans ce thème, la tradition du xvi° siècle avait encore d'influence sur le ciseau des ornemanistes.

Passons maintenant aux grandes figures qui sont entre les trumeaux du premier étage des deux ailes de la cour. Guillet de Saint-Georges, dans son éloge de Girard Van Obstal, né à Anvers à l'extrême fin du xvi° siècle et mort à Paris à soixante-treize ans, en 1668, membre de l'Académie royale depuis sa fondation, nous donne là un renseignement bien précieux, qui n'a été imprimé qu'en 1854, dans les *Mémoires inédits des Académiciens*, I, 175. Après avoir dit que le Cardinal de Richelieu fit venir Van Obstal à Paris et que celui-ci travailla pour le Louvre sur des modèles de Sarrazin, il ajoute :

« Ensuite il travailla toujours de son génie et sur ses propres pensées. Ainsi, plusieurs bas-reliefs se voient purement de lui dans l'hôtel de Carnavalet, parmi les ouvrages de sculpture qu'y fit le fameux Jean Goujon sous le règne de Charles IX [1].

« M. Van Obstal y a fait en bas-relief, dans la cour, quatre figures allégoriques, une dans chaque trumeau des croisées. Elles représentent la Chasse, le Plaisir de la Volupté, l'Abondance et la Libéralité, et, comme l'hôtel de Carnavalet forme l'angle du carrefour des rues de Sainte-Catherine et des Francs-Bourgeois, M. Van Obstal a fait en basrelief, dans le mur qui regarde la rue de Sainte-Catherine, deux figures, dont l'une représente la Force et l'autre la Vigilance, et dans le mur qui regarde la rue des Francs-Bourgeois, il a aussi représenté en bas-relief la Paix, l'Abondance, la Prudence et un Amour ou Génie qui les caresse. »

Lorsque le comte de Caylus a refait au xviii° siècle la vie de Van Obstal d'après le manuscrit de Guillet, au lieu d'aller voir l'hôtel Carnavalet, ce qui vraiment ne lui eût pas été difficile, il a écrit : « Mais ces derniers morceaux ont été détruits sans doute quand François Mansart a rebâti cette maison ». Nous le croirions si le bâtiment avait disparu, mais, heureusement pour l'hôtel, toutes les œuvres de Van Obstal subsistent encore aujourd'hui comme au xviii° siècle et le sculpteur n'y gagne pas, car toutes sont plutôt mauvaises.

Le bas-relief existe encore sur la rue des Francs-Bourgeois pour rem-

1. C'est-à-dire de Henri II

plir la place d'une fenêtre non ouverte, et il est fort heureux que Guillet nous ait dit les noms de ses personnages, car nous n'y verrions que des figures quelconques. Sur la façade de la rue Sévigné, l'ancienne rue Sainte-Catherine, on voit encore, à gauche du centre du premier étage, la Vigilance, caractérisée par des ailes à son pétase et par un coq auprès de ses pieds, et à droite la Force, reconnaissable à la lourde masse qu'elle pose sur un bouclier à tête de Méduse ; mais toutes deux sont lourdes et sans lignes comme sans accent.

De plus, les quatre figures sont encore entre les trumeaux du premier étage de l'aile droite dans la cour. A l'imitation des signes du Zodiaque qui accompagnent les Saisons de la Renaissance, toutes sont surmontées de têtes de Vents au milieu de nuages, et par là on aurait pu y chercher les quatre Vents principaux du nord, du sud, de l'est et de l'ouest : Borée, Zéphire, Eurus et Notus. En partant de la gauche pour celui qui les regarde, la première est une sorte de Junon tenant un sceptre et accompagnée de paons ; la seconde, une femme avec deux vases dont elle tient l'un renversé ; la troisième, une Diane portant l'arc et le carquois et accompagnée d'un chien ; la quatrième, une femme portant un vase rempli de fleurs. Pour suivre Guillet, ce seraient, dans l'ordre où nous les voyons encore, le Plaisir, la Libéralité, la Chasse et la Volupté. Le malheur, c'est que toutes sont grossières et maladroites.

En face, au-dessus de l'ancienne galerie, il y a quatre figures, dont nous ne savons pas l'auteur, et qui, sans être excellentes, sont au moins honnêtement décoratives dans leur lourdeur et très supérieures aux figures authentiques de Van Obstal. Pour celles-ci, point de doute possible sur leurs noms. Partant du sentiment premier des quatre Saisons, elles représentent les quatre Éléments. Le premier, un homme accompagné d'un lion et portant une corne d'abondance, est la Terre ; l'Eau est une femme tenant une rame et accompagnée d'un dauphin ; l'Air est aussi une femme marchant sur des nuages et caractérisée par un aigle ; le Feu est un homme qui tient d'une main un vase plein de charbons flamboyants et qui a les pieds au milieu de flammes. Au-dessus de chacun d'eux, comme sur les deux autres côtés, se voient leurs symboles : des arbres et une tour à multiples étages pour la Terre, des roseaux aquatiques pour l'Eau, des nuages pour l'Air et des flammes pour le Feu.

Le sens n'est donc pas douteux, mais la date est incertaine. Nous n'avons presque pas de comptes anciens pour les grands châteaux royaux ; nous n'en avons pas et nous n'avons pas de chance d'en trouver jamais pour les bâtiments construits par des particuliers.

Il faut donc procéder à la fois par le peu de documents dont nous

TYMPAN DE LA PORTE D'ENTRÉE, DE GERMAIN PILON OU DE SON ÉCOLE
(Hôtel Carnavalet, à Paris.)

pouvons disposer et par l'appréciation du style. Les Éléments de l'aile gauche sont d'un habile homme, qui est du plein Louis XIV (de 1650 à 1670); les autres, le bas-relief de la rue des Francs-Bourgeois, la Force et la Vigilance de la façade, les figures allégoriques de l'aile gauche, sont formellement et authentiquement de Van Obstal. Il est mort deux ans après Mansart, mort en 1666. Comme Mansart a employé nécessairement Van Obstal, puisque la Force et la Vigilance font partie intégrante du premier étage de la façade reconstruit par lui, leur œuvre commune est antérieure à 1666. Est-ce une œuvre de la fin de François Mansart, postérieure à ses grandes œuvres, à la chapelle du château de Fresnes, faite parce qu'on lui avait retiré le Val-de-Grâce, postérieure au Blois de Gaston? Ou faut-il mettre le travail de Carnavalet à ses commencements, avant le château de Maisons, qui est de 1642, et où les pilastres ont déjà l'élégante minceur plate et élancée, et les étroits chapiteaux ioniques, qui sont d'ailleurs la caractéristique de Mansart et dont il a pu puiser la simplicité dans le goût même de Pierre Lescot?

Cela n'est pas probable; Carnavalet est plus lourd, et les sculptures du XVIIe siècle paraissent de trois mains. La Force, la Vigilance, le bas-relief de la rue des Francs-Bourgeois, et les deux statues qui couronnent, sur la cour et sur la rue, la partie centrale du premier étage, sont du même goût. Les Éléments sont meilleurs. Les quatre autres figures allégoriques sont différentes et inférieures. Van Obstal, d'après Guillet, serait pourtant l'auteur des premières et des dernières.

Remarquons, sur ce point, que Guillet de Saint-Georges parle des sculptures de Carnavalet au moment où il dit que le sculpteur vient d'arriver d'Anvers, appelé par Richelieu, et qu'à partir de ce moment il travailla sur ses propres pensées. Or, de deux choses l'une: ou la maladresse de ses grandes figures de l'aile droite est le fait de la vieillesse, ou elle est, au contraire, la trace de ses premiers essais personnels dans la grande sculpture; et cela paraît naturel, puisque le premier talent par lequel il s'était révélé a été la sculpture en ivoire, forcément petite dans ses dimensions et souvent copiée. Il serait donc possible que ses premiers essais dans la sculpture monumentale aient témoigné de quelque embarras.

En même temps les figures, également authentiques, du bâtiment de la façade sont d'un autre sentiment, d'un autre dessin, et, quoique un peu communes, au moins acceptables. Seraient-elles donc d'une autre époque, celle de sa vieillesse, et aurait-il travaillé à Carnavalet à deux reprises et à un intervalle d'une vingtaine d'années?

Pour finir, voici ce que je proposerais pour la succession des sculptures et des remaniements de Carnavalet.

La première construction, c'est-à-dire la porte triomphale, la galerie et les mascarons du rez-de-chaussée de gauche, est de Pierre Lescot et de Goujon.

FIGURE DE L'AIR SUR LE BATIMENT DE GAUCHE
(Hôtel Carnavalet, à Paris.)

Les Saisons du bâtiment du fond, construit par Pierre Lescot, les Génies de la porte de l'escalier de gauche, paraissent être de l'invention de Jean Goujon; ils sont, comme exécution, de son école, et doivent être antérieurs à la mort du président des Ligneris.

Le tympan de la porte d'entrée est une addition du temps de Mme de

Carnavalet, qu'il faut attribuer à l'école de Germain Pilon, sinon à lui-même.

La date des remaniements du xviie siècle est beaucoup moins nette et ne peut pas s'affirmer de la même manière.

L'escalier à l'italienne, dessiné dans la coupe de Marot, était de la fin de Louis XIII ou du commencement de Louis XIV. C'est ce travail, détruit au xviie siècle, qui paraîtrait devoir être attribué au temps de M. d'Argouges, ainsi que la sculpture des mascarons de l'aile droite, inspirés de ceux de l'aile gauche.

On ne sait ni l'auteur ni la date exacte des figures des quatre Éléments, qui sont de la seconde moitié du xviie siècle.

Comme couronnement au bâtiment de la façade, il y a sur la rue une Minerve et sur la cour une Flore dont ne parle pas Guillet; elles sont incontestablement de la même pierre, du même ciseau, du même goût que la Force et la Vigilance qui sont de Van Obstal. Sur le massif qui sert de piédestal à la Minerve, il y a en caractères énormes la date gravée de 1661. Sculpture et construction se tiennent; le remaniement de Mansart a là sa date; il a été terminé en 1661, et le bas-relief de la rue des Francs-Bourgeois paraît bien se rapporter, comme allégorie, au mariage du jeune Louis XIV.

Quel était alors le propriétaire? Encore M. d'Argouges, ou déjà M. d'Agaurry? Le premier paraît trop ancien, et le second trop moderne, surtout quand on pense à la façon dont il laissait sa locataire détruire les *antiquailles de cheminées*, que nous aurions probablement le mauvais goût de trouver aujourd'hui fort belles. N'y a-t-il pas eu entre les deux un propriétaire que nous ne connaissons pas?

Il y a quelques années, on pouvait tout craindre pour le sort de ce bel hôtel. Que deviendraient les sculptures de la porte et les mascarons? Tout était menacé, et sans qu'on sût de quelles mains lui viendrait la première ou la dernière blessure. L'intérêt de l'art et l'honneur de Paris se trouvent aujourd'hui saufs. La Ville a acquis Carnavalet; elle y a installé une bibliothèque consacrée à son histoire; elle y prépare un Musée aussi spécialement parisien. Il pourra y avoir lieu d'y revenir, mais c'est un autre sujet. J'ai voulu seulement, sans avoir la prétention de résoudre toutes les énigmes, attirer l'attention sur l'incomparable beauté de certains détails et signaler les points qui restent encore discutables et douteux.

Paris. — Typ. A. Quantin, rue Saint-Benoît, 7. [1357]

www.ingramcontent.com/pod-product-compliance
Lightning Source LLC
Chambersburg PA
CBHW060521050426
42451CB00009B/1096